BIBLIOTHÈQUE L. CURMER.

ENSEIGNEMENT
UNIVERSEL.

COLONISATION
DE L'ALGÉRIE.

Établissement des colonies agricoles.

10 centimes.

PARIS.

LIBRAIRIE L. CURMER,
rue de Richelieu, 49.

1848

La Bibliothèque L. Curmer est destinée à enserrer dans un vaste réseau de publications *tout* ce qui touche à l'ENSEIGNEMENT UNIVERSEL et à l'ENSEIGNEMENT ÉLÉMENTAIRE. Sous le premier titre, elle abordera toutes les questions qui sont en discussion dans le temps présent, et sous le second, elle donnera des notions sur toutes les sciences.

Elle fait un appel à l'*intelligence*, en la conviant à répandre ses bienfaits sur tous ceux qui ont besoin d'apprendre; à la *richesse*, en l'engageant à populariser ces petits écrits et à les distribuer avec la profusion qu'ils méritent par leur but et leur importance; aux *travailleurs*, en leur offrant un moyen sûr et peu dispendieux d'acquérir sans peine toutes les connaissances qui forment l'homme et le citoyen.

A l'aide des remises successives suivantes : 10-12, 20-25, 50-65, 100-140, on peut pour *dix francs* répandre 140 exemplaires de ces petits livres destinés à porter partout l'amour du pays, l'instruction et la paix.

Ces petites publications coûteront 10, 20, 30, 40 et 50 centimes, selon leur nombre de feuilles de 32 pages; le prix de 10 centimes sera le plus usuel et les autres n'arriveront que par exception.

Paris.—Imprimerie de Rignoux, rue Monsieur-le-Prince, 29 *bis*.

COLONISATION DE L'ALGÉRIE.

Extrait de l'exposé des motifs du décret allouant 50 millions de francs pour l'établissement de colonies agricoles en Algérie, et présenté à l'Assemblée nationale, le 11 septembre 1848, par le général de La Moricière, ministre de la guerre, représentant du peuple.

Le gouvernement s'était depuis longtemps préoccupé de la grave question de la colonisation, dans le double intérêt de la France et de l'Algérie. Fonder et développer des colonies agricoles, en reportant des bras sur l'agriculture ; déterminer en France un courant d'émigration vers l'Algérie, faciliter ainsi la mise en valeur de notre colonie : tel était le but qu'il se proposait d'atteindre.

Un crédit de 50 millions, réparti sur les exercices de 1848, 1849, 1850 et 1851, lui a paru nécessaire pour faciliter l'installation de dix à quinze mille familles environ.

Pour que ces dépenses soient vraiment profitables, il importe d'abord de déterminer les éléments appelés à concourir à la formation de chaque colonie. Ce serait, en effet, commettre une grave erreur et s'exposer à de fâcheux mécomptes, que de supposer tous les colons envoyés en Algérie également aptes aux travaux de culture. Le plus grand nombre d'entre eux, au contraire, y sont restés jusqu'à ce jour complétement étrangers, et ont un long et pénible apprentissage à faire. Les ouvriers du bâtiment, tels que maçons, charpentiers, serruriers, etc., ceux qui exercent des professions industrielles, tels que boulangers, bouchers, etc., ne sont pas en général de bons cultivateurs ; mais ils n'en sont pas moins capables d'être profitablement employés dans une colonie naissante. Il suffit de les utiliser les uns et les autres selon leur aptitude particulière.

De là un classement naturel entre les colons qui sont ou voudront devenir cultivateurs, et les colons ouvriers d'art ou exerçant des professions industrielles. Les conditions d'établissement en Algérie ne sauraient être les mêmes pour tous, et le projet de décret y pourvoit en accordant les concessions de terres de labour aux cultivateurs seuls, et en réservant aux autres, soit individuellement, soit par association, l'exécution des travaux d'installation et d'utilité publique. Chaque citoyen aura ainsi l'emploi de son aptitude spéciale, et les ouvriers d'art pourront trouver dans le principe d'association sagement appliqué des ressources que ce principe n'offrirait pas à des cultivateurs. L'exécution des travaux d'utilité publique, dont les projets sont déjà étudiés, leur assurera, au début, des avantages que ne leur présenteraient pas les travaux de culture, auxquels la plupart d'entre eux sont restés jusqu'à ce jour étrangers.

Toute liberté sera d'ailleurs laissée, à cet égard, aux uns et aux autres; mais si l'association de quelques-uns peut être avantageuse, imposée à tous elle constituerait une véritable impossibilité.

L'association, telle qu'elle avait été formulée dans une des propositions soumises au comité de l'Algérie, n'était pas un essai socialiste, une communauté permanente, mais seulement une association temporaire, limitée à trois années, après lesquelles les colons devaient se séparer et devenir propriétaires libres. Réduite à cette courte durée, l'entreprise devait être très-difficile, sinon impossible. D'ailleurs, si elle offre des avantages au début, alors que les travaux de défrichement et de construction sont les plus pénibles, pourquoi ne pas les continuer ?

Deux cents familles sont établies sur un territoire ; elles forment une population de huit à neuf cents habitants.

Supposons les terres défrichées, les maisons bâties, tous les besoins de la vie de village satisfaits. Pense-t-on que tous les ouvriers du bâtiment, beaucoup plus nombreux au début d'une installation qu'ils ne doivent l'être lorsque toutes les constructions seront terminées, consentiront à devenir des agriculteurs et à cultiver le lot de terre qui leur sera donné en partage ? Certainement non. Si, comme en France, ils pouvaient affermer leur champ, ils en toucheraient le revenu net et ils iraient ailleurs chercher de l'ouvrage pour grossir leur avoir. Mais dans une colonie qui se développe, les terres doivent être concédées à titre gratuit si l'on veut en favoriser le défrichement; le fermage n'existe que pour un petit nombre de terrains privilégiés, car les cultivateurs auront plus de profits en obtenant une concession dont ils seront propriétaires : pendant longtemps encore, il en sera ainsi. Les ouvriers que l'on croirait avoir rémunérés de leur travail ne pourront donc ni cultiver leur lot ni en tirer un revenu net : ils l'abandonneront et le laisseront en friche, attendant, ce qu'ils ne verront pas sans doute, l'époque lointaine où leurs terres donneront lieu à un fermage. Ainsi, après avoir été les artisans actifs de la colonie, ils auraient entre leurs mains un instrument de travail dont ils ne sauraient ni se servir ni retirer un profit.

La prospérité de chaque centre exige donc logiquement qu'il n'y soit définitivement établi qu'un nombre d'ouvriers d'art proportionné à ses besoins; les autres seront instinctivement nomades; ils iront où les appellera le travail le plus actif et le mieux rémunéré, se fixant successivement dans les diverses locatités qui leur offriront pour l'avenir la perspective la plus avantageuse.

L'essai du défrichement en commun a d'ailleurs été déjà tenté, et il n'a pas réussi. Une émigration allemande débarqua, en 1846, dans la province d'Oran. Le gouvernement français lui avait accordé l'hospitalité, il en fit les frais. Elle fut divisée en deux groupes : l'un fut établi à la Stidia, l'autre à Sainte-Léonie. Chaque famille reçut les vivres en nature et des matériaux de construction. On devait travailler en commun, élever les habitations, et défricher les terres pour pourvoir à la subsistance de la communauté. Les émigrants étaient presque tous laboureurs ; on leur adjoignit des ouvriers militaires pour les constructions. Les maisons furent construites, mais les champs restèrent en friche ; nul ne se souciait de travailler sur un sol qui n'était pas sa propriété.

La misère régna, et la colonie allemande serait morte, si les distributions de vivres ne l'avaient alimentée. Pour faire cesser cet état de choses, il fallait donner à chacun son champ, réveiller l'intérêt privé : ce fut fait, et quelques mois après, les cultivateurs commençaient à ensemencer.

Français ou Allemands agiront de même. Si l'homme n'est pas immédiatement propriétaire, il ne cultivera pas, il n'ensemencera pas : il aidera à construire l'abri qui doit le garantir de l'intempérie des saisons, et il s'en tiendra aux distributions de denrées pour vivre et végéter dans la misère.

Les divers projets d'association agricole auraient tous le même résultat : après de nouveaux essais malheureux, on serait nécessairement amené à diviser les terres concédées et à donner à chacun son lot ; les fonds alloués seraient dissipés, et un temps précieux perdu pour les progrès de notre colonie.

Pour satisfaire aux besoins d'une colonie naissante, le gouvernement, qui en fait les frais, doit se placer dans les conditions d'un entrepreneur qui voudrait fonder un village, à cette différence près qu'il laisse à chaque travailleur le fruit intégral de sa coopération à l'œuvre.

Par la nature de leur fonction, des services qu'ils doivent rendre à la colonie, et dans leur intérêt, il faut, comme il a été dit plus haut, diviser en deux groupes les émigrants. Les cultivateurs recevront tous les éléments d'une installation stable ; les ouvriers d'art travaillant individuellement ou associés seront dirigés successivement sur les diverses localités choisies pour la création des colonies agricoles. Au fur et à mesure que les centres occupés se développeront ou que de nouvelles colonies se fonderont, un plus grand nombre des colons tendra à se fixer.

L'État accordera à tous une installation provisoire sous la tente ou dans des baraques. Aux uns il fera construire un logement satisfaisant aux stricts besoins de l'habitation et de l'exploitation agricole ; les autres recevront le prix de leur travail en salaire, ou suivant les clauses d'un marché amiable. Ceux d'entre eux qui devront être fixés dans un centre seront, en outre, crédités de la valeur moyenne d'un logement.

Dans une colonie qui se développe, les salaires sont élevés, les capitaux sont rares, et l'intérêt en est avantageux. La partie flottante de la population, celle qui travaillera aux constructions et à ce qui s'y rattache, semble, au premier abord, la moins bien traitée ; mais il ne faut pas perdre de vue que l'emploi de la main-d'œuvre est assuré par l'État, et que le prix en sera assez élevé pour fournir non-seulement aux besoins des ouvriers et de leurs familles, mais pour leur permettre, s'ils sont économes et rangés, de faire des épargnes dont ils trouveront toujours sur place un emploi avantageux.

D'ailleurs, s'ils veulent se fixer et devenir agriculteurs, s'ils en ont la volonté et le courage, on leur en facilitera les moyens comme aux autres.

Le décret satisfait à toutes ces exigences, en séparant en deux groupes les colons : il donne à ceux qui veulent se vouer à l'agriculture un champ et tous les moyens strictement nécessaires pour le féconder ; il laisse ceux qui veulent continuer leurs professions industrielles dans les conditions d'un travail actif et légitimement rémunéré.

Que ceux qui ne sont pas initiés à la vie du laboureur ne se fassent pas illusion ; le bien-être que promet la propriété agricole se réalise lentement, après de longs et patients efforts, au prix d'une vie sobre et laborieuse.

Au contraire, dans une colonie naissante,

les travaux d'art offriront longtemps un vaste champ à ceux qui les entreprendront avec la ferme volonté de ne pas faillir à leurs devoirs envers eux-mêmes et leurs familles. L'Algérie donne aux uns et aux autres des moyens honorables d'existence; c'est à eux de s'en assurer les bienfaits.

Extrait du rapport fait, le 13 septembre 1848, à l'Assemblée nationale, au nom du comité de l'Algérie, par le citoyen Foy, représentant du peuple.

Nous n'insisterons pas sur les convenances, sur la nécessité, sur l'urgence de la grande mesure qui vous est proposée. Aussi bien que nous, vous avez compris que, s'il est une portion de la population de la France qui porte une plus lourde part de la souffrance générale et commune, c'est à coup sûr celle des travailleurs de l'industrie, accumulés dans les grandes villes et surtout dans Paris; que la misère est là, je ne dirai pas qui menace ces hommes, mais qui déjà les étreint, que l'hiver va venir avec tous ses besoins nouveaux, et que les millions que vous distribueriez en stériles secours, il vaut mieux mille fois en faire un usage utile dans le présent et fructueux pour l'avenir, en favorisant cette tendance heureuse que tant de citoyens ont à aller demander au sol fertile de l'Algérie le bien-être qu'il promet au travail.

Mais il ne suffit pas de porter en Algérie des bras et du cœur, et les colons les plus intelligents, les plus moraux et les plus laborieux, jetés sur la rive d'Afrique, y périraient si, à défaut de richesses personnelles, ils n'y trouvaient l'aide et le secours de l'État, s'ils n'acceptaient sa direction paternelle et éclairée, s'ils ne s'y soumettaient à certaines conditions d'ordre et d'organisation. De douloureuses expériences ont mis hors de doute ces vérités, déjà si claires par elles-mêmes.

Votre comité a donc dû examiner avec la plus scrupuleuse attention si le projet du gouvernement pourvoyait à toutes les nécessités de l'installation des colonies, s'il donnait satisfaction aux vœux de notre population ouvrière dans les limites de nos ressources financières, s'il assurait le bon et intelligent emploi des crédits demandés ; si, en un mot, il offrait toute garantie du succès de cette grande et patriotique entreprise.

M. le ministre de la guerre a fait faire dans ses bureaux, et sur des données positives, le calcul exact du montant des frais de route soit en France, soit du point de débarquement au lieu d'installation, de traversée, de transport des effets et du mobilier, de campement ou baraquement provisoire, de nourriture et d'entretien, durant les trois derniers mois de la présente année, et ce calcul a fait reconnaître que les 5 millions demandés pour 1848 ne pouvaient suffire qu'aux besoins de 12,000 personnes, hommes, femmes ou enfants, à installer en Algérie, sur cette terre à jamais française, et qui le deviendra chaque jour davantage par sa langue, par ses mœurs, par ses lois.

L'œuvre de la colonisation de l'Algérie est confiée à des mains fermes et habiles. Le président du conseil, le ministre de la guerre, le nouveau gouverneur général, appartiennent tous trois à cette brillante pléiade de généraux dont l'Afrique a vu naître et grandir la fortune, et auxquels elle peut remettre avec confiance le soin de son avenir. Cette confiance ne s'exprimera nulle part plus hautement que dans l'Assemblée nationale.

C'est en vue de la prospérité future de l'Algérie, du soulagement de ses misères présentes, et surtout des misères mille fois plus poignantes de nos populations ouvrières ; c'est en vue des besoins de milliers de malheureux que la souffrance égare et que la faim provoque et désespère, c'est en vue de l'établissement calme de nos institutions républicaines, que nous vous proposons d'adopter le décret.

Extraits des discours prononcés à l'Assemblée nationale, le 19 septembre 1848, par le général de La Morlcière, ministre de la guerre, représentant du peuple.

Il a été souvent question de coloniser certaines parties de la France très-cultivables et qui se défrichent tous les jours. Pourquoi demandons-nous 50 millions pour aller cultiver l'Algérie plutôt que pour ces portions de la France que vous connaissez tous ?

Qu'entend-on par cette expression : La terre est bonne ? Cela veut dire que le capital et le travail qu'on y met sont surabondamment payés par la fécondité de la nature. Par l'expression : La terre est mauvaise, on veut dire...

qu'elle est ingrate, qu'elle ne paye pas le capital et le travail que l'homme y dépense. En France, il y a beaucoup de terres cultivables à défricher; mais qui sont mauvaises et qui donneraient pour le capital et le travail qu'on y mettrait un très-petit intérêt, c'est-à-dire que pour 50 millions on établirait sur ce sol un très-petit nombre de familles, et qu'on en retirerait un très-petit revenu; qu'on y ferait en définitive un mauvais placement de son argent.

En Algérie, au contraire, on vous l'a dit, les bras manquent à la terre; il y a un admirable territoire qui depuis longtemps n'a nourri que des peuples pasteurs qui ne lui ont demandé que peu de céréales et lui ont donné beaucoup par les nombreux troupeaux qu'ils y nourrissent. Il y a donc là des terres vierges qui promettent au cultivateur d'abondantes récoltes; il y a là un excellent placement pour le travail et le capital. C'est pour cela que nous vous demandons de coloniser l'Algérie et non les parties incultes du sol français.

On a semblé dire que nous refusions aux colons que nous transportons en Afrique le droit d'association. Je déclare m'inscrire contre cette assertion : nous ne leur refusons point ce droit , nous les laissons dans le droit commun ; mais nous voulons que chaque colon , chaque famille ait sa maison , son lot , sa subvention ; que les colons puissent s'associer ensuite, s'ils le veulent ; mais nous ne voulons pas reconnaître les associations comme êtres collectifs auxquels nous donnerions des subventions exceptionnelles , et dont , permettez-moi de le dire , la liquidation serait toujours fort difficile, ainsi que je vous le démontrerai.

Je sais que la latitude qu'on nous laisse d'user ou non de l'association nous donnerait toute liberté pour nous abstenir, puisque nous la croyons mauvaise; mais, comme la question est fort grave, le gouvernement a désiré que l'Assemblée elle-même exprimât sa pensée.

Le gouvernement désire, autant que qui que ce soit, voir s'étendre le principe d'association ; il désire voir se multiplier les associations, afin de diminuer le nombre trop considérable des intermédiaires qui viennent se placer entre le producteur et le consommateur ; il désire voir les ouvriers profiter de ces bénéfices exclusivement réservés aujourd'hui aux entrepreneurs.

Le gouvernement vous a demandé 3 millions de subvention pour favoriser des associations d'ouvriers à Paris. Aujourd'hui il s'occupe de les organiser. Le gouvernement n'est donc pas suspect en pareille matière; mais, de ce que l'association est une bonne chose dans certains cas, il ne s'ensuit pas qu'elle soit toujours applicable : c'est l'avis du gouvernement.

On nous répond que les ouvriers la demandent et qu'il faut leur accorder l'association, parce qu'ils la désirent. Je réponds à ceci que, bien que les ouvriers la demandent, le gouvernement, qui, lui, est éclairé par l'expérience; qui l'est plus que les ouvriers dont il doit diriger et conduire les travaux, le gouvernement, qui croit que l'association serait pour eux féconde en mauvais résultats, doit la refuser et leur dire pourquoi il la leur refuse.

Vous voyez le gouvernement accepter l'association, lorsqu'il s'agit, pour la colonisation, de travaux d'utilité publique, d'ouvrages d'art, de ceux, par exemple, qu'exécutent les ouvriers du bâtiment; mais il ne veut point admettre ce principe pour l'agriculture.

Il y a, en effet, Messieurs, entre les travaux

d'art dont je viens de parler et les travaux de l'agriculture une différence profonde, une différence radicale. La plupart des hommes pratiques en agriculture savent très-bien que l'association ne peut pas réussir; mais cette conviction qui existe chez les hommes pratiques, nous désirons la faire passer dans l'esprit de ceux qui sont étrangers à cette science; car, vous le savez, les ouvriers que nous voulons reporter dans les champs ne connaissent point l'agriculture.

Dans les travaux d'art, l'homme est aux prises avec la matière brute, inanimée; il la transforme à son gré, suivant ses besoins, suivant son désir. Les conditions du travail sont prévues, il peut les régler; il peut diviser son travail comme il l'entend, et produire ces merveilles qui sortent de nos ateliers industriels, sans jamais cesser de pouvoir calculer d'une manière précise la part de salaire qui doit revenir à chacun. Mais, dans les travaux agricoles, l'homme est aux prises avec la nature animée, avec la nature vivante; il est obligé de s'associer à elle, de se plier à ses caprices; c'est elle qui travaille; il doit attendre que l'œuvre de la nature s'accomplisse; il faut qu'il la suive dans les variations des saisons, dans les vicissitudes de l'atmosphère, pour lui enlever les récoltes qu'elle produit; il faut qu'il l'épie, qu'il la seconde, qu'il la devine dans la reproduction de ces espèces d'animaux domestiques dont l'éducation est la principale source de ses bénéfices.

Au milieu de la difficulté et de la multiplicité de ces circonstances incessamment changeantes, incessamment variables, toute prévision, tout calcul, par suite toute répartition, devient impossible : tout échappe à l'appréciation arithmétique; il est impossible de trouver la quote-part qui revient à chacun.

Gardons-nous d'accoler la comptabilité en partie double à chacune des fermes; n'essayons pas de remplacer par des registres le sentiment sacré de la famille. Les familles sont les véritables associations de l'agriculture: C'est elles seules que nous voulons commanditer, et en élevant à l'aisance la population que nous allons transporter en Algérie, nous lui donnerons la moralité.

On a dit que tous les ouvriers qui s'étaient présentés avaient demandé l'association.

Eh bien, je suis obligé de dire qu'il n'en est rien. Et moi aussi, j'ai longuement causé avec les délégués des associations d'ouvriers; j'ai passé avec eux de longues heures, et je me suis convaincu que, si une partie demande l'association, la majeure partie n'en veut pas. Savez-vous quels sont ceux qui la demandent? Ce sont ceux qui, voulant diriger les associations, veulent être directeurs des colonies; ce sont ceux qui veulent exercer des fonctions qui leur permettront de porter l'habit noir et le chapeau rond, qui veulent constituer l'état-major de l'agriculture. Eh bien, l'agriculture, tous ceux d'entre vous qui l'ont pratiquée savent très-bien qu'elle ne donne pas d'assez gros profits pour permettre de payer sur les bénéfices ces espèces d'états-majors. Le gouvernement n'a pas cru devoir créer cette aristocratie nouvelle des sociétés en commandite pour défricher l'Algérie. Il n'en veut pas. Si vous voulez qu'il la constitue, il faut que vous le lui disiez, car il n'en prend pas la responsabilité.

Ne croyez pas toutefois que nous interdirons aux colons qui auront reçu chacun leur lot, leur subvention, leur maison, le droit de s'associer entre eux pour défricher leur lot? Non ; nous restons dans le droit commun. Ce que nous ne voulons pas, c'est d'avoir à choisir entre les hommes ceux qui ont assez de dévouement, de vertus, en dehors de la famille pour pouvoir s'associer les uns aux autres. Nous n'avons pas de moyens de juger les vertus chez les hommes ; nous nous en rapportons au sentiment moral de la famille. Je le répète encore une fois, dans le droit commun, il n'y a que la famille, et c'est elle seule que nous demandons à commanditer.

Décret relatif au crédit de 50 millions de francs pour l'établissement des colonies agricoles en Algérie, et adopté par l'Assemblée nationale, le 19 septembre 1848.

Article 1er. Un crédit de cinquante millions de francs est ouvert au ministre de la guerre sur les exercices 1848, 1849, 1850, 1851 et suivants, pour être spécialement appliqués à l'établissement des colonies agricoles dans les provinces de l'Algérie et aux travaux d'utilité publique destinés à en assurer la prospérité.

Ce crédit sera réparti ainsi qu'il suit :

Exercice 1848. . . . .   5,000,000 fr.
Exercice 1849.   10,000,000
Exercices 1850 , 1851 et
suivants.   35,000,000
Total égal. . .   50,000,000

Un décret de l'Assemblée nationale déterminera ultérieurement la portion du crédit de 35,000,000 affectée à chacun des exercices 1850, 1851 et suivants.

Le crédit de 5 millions sur l'exercice 1848 sera réparti ainsi qu'il suit :

1° Travaux pour la création et le développement des colonies agricoles. . .   1,600,000

2° Voies de communication et autres travaux d'utilité publique. .   800,000

3° Subvention aux colons en matériaux, instruments, semences et bestiaux.   1,800,000

4° Frais d'émigration, transports, pasages et séjours.   550,000

5° Frais et matériel de première installation sur le terrain.   250,000
Total. . .   5,000,000

Art. 2. Le chiffre des colons qui bénéficieront des dispositions du présent décret ne pourra excéder 12,000 âmes en 1848.

Art. 3. Les colonies seront fondées par des citoyens français, chefs de famille ou célibataires.

Les colons cultivateurs, ou qui déclareront vouloir le devenir, recevront de l'État, à titre gratuit, des concessions de terre d'une étendue de 2 à 10 hectares par famille, selon le nombre des membres de la famille, leur profession et la qualité de la terre, et les subventions nécessaires à leur établissement.

Les colons ouvriers d'art exécuteront soit individuellement, soit par association, tous les travaux d'installation des familles, et concourront aux travaux d'utilité publique reconnus indispensables pour le développement des colonies.

Lorsque les colons ouvriers d'art voudront se fixer dans un des centres des colonies agricoles, ils recevront, comme les premiers, dans la localité qui leur sera assignée, un lot à bâtir, un lot de terre, et les prestations nécessaires pour faciliter leur établissement.

Art. 4. Les subventions de toute nature accordées pour la mise en valeur des terres ne pourront être allouées pendant plus de trois années. Cette durée de temps comptera à partir du jour où chaque colon aura pris possession de son lot.

À l'expiration de ces trois années, les habitations construites pour eux et les lots qui leur auront été affectés deviendront la propriété des colons, à la condition de se conformer aux décrets qui régiront la propriété en Algérie.

Art. 5. Tous les concessionnaires dont les lots ne seront pas mis en rapport dans le délai de trois ans pourront être dépossédés, suivant les formes et les règles de la législation en Algérie, à moins qu'ils ne puissent justifier de cas de force majeure.

Art. 6. Les concessionnaires ne pourront, pendant les six premières années de leur mise en possession, aliéner les immeubles à eux concédés, qu'à la condition de rembourser à l'État le montant des sommes dépensées pour leur installation.

Art. 7. Les colons seront soumis aux lois et arrêtés en vigueur dans les territoires sur lesquels ils auront été placés.

Dans le délai d'un an, ou plus tôt, s'il est

possible, les communes agricoles seront assimilées, pour le régime municipal et judiciaire, aux communes des territoires civils.

Art. 8. Les allocations, subventions et dépenses de toute nature, seront ordonnées, réparties et distribuées par les soins du fonctionnaire civil et militaire chargé de la direction des travaux et de l'administration de la colonie.

Art. 9. Une commission nommée par le pouvoir exécutif vérifiera les titres des colons et désignera ceux qui seront admis à jouir du bénéfice du présent décret.

Art. 10. Les colons seront dirigés sur l'Algérie dans le plus bref délai possible.

Les frais de route, de traversée, de transport des effets et du mobilier, seront au compte de l'État, et prélevés sur le crédit ouvert par l'article 1er du présent décret.

Art. 11. Un règlement pourvoira à toutes les mesures de détail propres à assurer l'exécution du présent décret.

Art. 12. Les droits des colons, de leurs femmes, enfants et héritiers, seront garantis par le règlement mentionné dans l'article 11.

Art. 13. Les sommes restées sans emploi sur

le crédit de 5 millions accordés pour l'exercice 1848 seront reportées sur l'exercice 1849.

Règlement arrêté, le 27 septembre 1848, par le général de La Moricière, ministre de la guerre, en exécution du décret du 19 septembre.

Article 1er. Les colonies agricoles ont pour but la mise en valeur, sous la direction et l'appui du gouvernement et de l'administration, des terres qui seront concédées gratuitement par l'État, en Algérie, aux familles appelées à jouir du bénéfice du décret de l'Assemblée nationale du 19 septembre 1848.

Elles seront composées de citoyens français, chefs de famille ou célibataires, divisés en deux catégories, savoir :

Les citoyens cultivateurs ou qui déclareront vouloir le devenir immédiatement, et les ouvriers d'art.

Art. 2. L'admission des citoyens dans les colonies, soit comme cultivateurs, soit comme ouvriers d'art, sera prononcée par le ministre de la guerre, sur la proposition de la commission spéciale instituée par le chef du pouvoir exécutif, en exécution de l'article 9 du décret de l'Assemblée nationale.

Art. 3. Les citoyens qui désireront être admis dans l'une ou l'autre catégorie devront justifier, par la production de pièces authentiques, de leur nationalité, de leur âge, de leur profession, de leur moralité et de leur aptitude physique, et fournir les mêmes renseignements sur les divers membres de leur famille qu'ils auront l'intention d'emmener avec eux. Les certificats d'aptitude physique pourront être délivrés, et dans tous les cas seront révisés, par les médecins attachés à la commission.

Nul chef de famille ou célibataire ne sera admissible au delà de soixante ans.

Art. 4. Lorsque le cadre d'un détachement sera rempli, l'état nominatif de tous les citoyens qui en feront partie comme cultivateurs ou comme ouvriers d'art sera transmis par la commission au ministre de la guerre.

Aussitôt que le ministre aura statué, la commission fera dresser des états de filiation de tous les membres de ce détachement pour régulariser le service des départs et des embar-

-quements, et elle fera délivrer à chaque famille un livret constatant le signalement et l'état civil des membres de la famille.

Art. 5. Les colons seront transportés aux frais de l'État, eux et leurs effets mobiliers, depuis le lieu de leur résidence jusqu'à celui de leur destination.

La commission déterminera, pour chaque détachement, le poids total des effets mobiliers à transporter.

Chaque colon, homme ou femme, recevra par jour, pendant toute la durée du voyage, une ration de vivres.

Les enfants au-dessous de douze ans recevront une demi-ration.

Art. 6. Un membre délégué par la commission assistera au départ de chaque convoi, qui comprendra, autant que possible, les colons à grouper dans la même commune.

Les convois seront accompagnés par un fonctionnaire civil ou militaire, qui aura mission d'assurer le bien-être des colons pendant toute la durée du voyage.

Art. 7. Immédiatement après leur arrivée en Algérie, les colons cultivateurs ou ouvriers d'art seront provisoirement installés sous la tente ou dans des baraques préparées pour les recevoir, et mis en mesure de commencer leurs travaux.

Art. 8. Les colons cultivateurs, mariés ou célibataires, recevront gratuitement :

1° Une habitation que l'État fera construire dans le plus bref délai possible, et qui satisfera strictement aux besoins de l'exploitation agricole ;

2° Un lot de terre, dont la contenance variera de 2 à 10 hectares, selon le nombre des membres de la famille, leur profession et la qualité de la terre ;

3° Les semences, les instruments de culture, et un cheptel en bestiaux, indispensables à la mise en valeur des terres, d'après les fixations qui en seront faites par le gouverneur général selon les nécessités de chaque exploitation.

4° Enfin, il leur sera alloué, pendant le temps qu'ils emploieront à la culture de leurs terres, jusqu'à ce qu'elles soient mises en valeur, des rations de vivres dont les quantités seront déterminées par le gouverneur général.

Art. 9. Pendant la morte saison, les colons cultivateurs seront employés aux travaux d'utilité publique, et recevront un salaire dans les conditions fixées par l'article 10 ci-après.

Ils auront la faculté de toucher des rations de vivres en déduction du prix de ce salaire.

Art. 10. Les colons ouvriers d'art seront immédiatement employés à l'installation définitive des cultivateurs et à l'établissement des centres, constructions d'habitations, enceintes, routes et autres travaux publics.

Ils pourront entreprendre ces travaux soit individuellement, soit par association.

Leurs salaires, soit à la journée, soit à l'entreprise, seront payés aux taux des prix courants du pays, ou d'après les clauses et conditions d'un cahier des charges préalablement accepté par eux.

En attendant que ces travaux leur produisent un salaire, ils recevront des rations de vivres. Dès qu'ils toucheront un salaire, les rations de vivres cesseront, à moins qu'ils ne demandent à les recevoir en déduction du salaire.

Art. 11. Les colons qui, après avoir été classés dans la catégorie des ouvriers d'art, voudraient se fixer comme concessionnaires dans un des centres des colonies agricoles, en obtiendront l'autorisation, jusqu'à concurrence du nombre nécessaire à chaque industrie et des terres encore disponibles dans la localité.

Ils recevront, dans ce cas, les diverses allocations déterminées par l'article 8 ci-dessus.

Toutefois cette faveur ne sera accordée qu'à ceux qui en auront fait la demande dans les trois ans de leur arrivée.

Art. 12. Les prestations de toute nature délivrées soit aux cultivateurs, soit aux ouvriers d'art, seront successivement inscrites, par les soins du fonctionnaire civil ou militaire chargé de l'administration de la colonie, sur les livrets mentionnés dans l'article 4 ci-dessus.

Art. 13. Les colons concessionnaires recevront, au moment de leur mise en possession, un titre provisoire, signé par le fonctionnaire civil ou militaire chargé de l'administration de la colonie, et indiquant les numéros au plan général du territoire, ainsi que la contenance des lots concédés.

Art. 14. En cas de décès d'un concessionnaire chef de famille ou célibataire, le titre provisoire qui lui aura été délivré, conformément à l'article précédent, sera transmissible à ses héritiers, conformément au droit commun, sous la réserve de l'accomplissement des obligations de culture.

Néanmoins la veuve d'un concessionnaire décédé sans enfants et habitant la colonie aura toujours la faculté de continuer l'exploitation par elle-même, ou de proposer, dans les trois mois du décès de son mari, un remplaçant pour lui succéder, à des conditions amiablement arrêtées entre eux, et dont il sera donné connaissance à l'administration.

Ce remplaçant, après avoir été agréé par le fonctionnaire civil ou militaire chargé de l'administration de la colonie, jouira des allocations accordées au concessionnaire primitif, jusqu'à l'expiration des trois années pendant lesquelles seulement ces allocations pourront être continuées.

Art. 15. Sauf les exceptions mentionnées dans l'article 14, le titre provisoire de concession ne pourra, sous peine de nullité, être l'objet d'aucune substitution, aliénation ou hypothèque.

Art. 16. A l'expiration d'un délai de trois ans à partir du jour de la mise en possession des concessionnaires, il sera procédé, par les soins d'un géomètre et d'un inspecteur de colonisation, à la vérification de l'état de culture des terres concédées.

Le résultat de cette vérification sera constaté par un procès-verbal dont la communication sera faite au concessionnaire, qui aura le droit d'y faire consigner ses dires et observations.

Ce procès-verbal sera transmis à l'appréciation du ministre de la guerre avec l'avis du conseil de direction de la province.

Art. 17. Si les colons ont mis en valeur la totalité des terres arables comprises dans leur concession, ou si, n'en ayant mis en valeur qu'une partie, ils justifient régulièrement d'empêchement de force majeure, tels que maladies graves, décès du chef de famille ou de quelques-uns de ses membres, le ministre autorisera la conversion des titres provisoires en titres définitifs, et les colons deviendront alors propriétaires incommutables des habitations construites par eux et des lots qui leur auront été affectés.

Dans tout autre cas, le ministre pourra prononcer la déchéance des concessionnaires et la reprise de possession, au nom de l'État, des habitations et des terres.

Art. 18. Les titres définitifs de propriété, indiquant la date de l'approbation ministérielle, seront délivrés et signés par les généraux commandant les provinces, ou par le chef de l'administration civile de la province, suivant le territoire.

Le fonctionnaire civil ou militaire chargé de l'administration de la colonie procédera à la reprise des immeubles dont les concessionnaires auraient été évincés.

Art. 19. Pendant un délai de trois ans à partir de la date de leur titre définitif de propriété, les concessionnaires ne pourront aliéner les immeubles compris dans leur concession qu'à la condition de rembourser préalablement à l'État le montant des dépenses effectuées pour leur installation, et dont le chiffre sera indiqué dans le titre lui-même.

Passé ce délai, ils disposeront, à leur gré, de la concession sans être passibles d'aucune répétition de la part de l'État.

Art. 20. Tant que les titres de concession définitive n'auront pas été délivrés, l'administration pourra disposer, sans indemnité, sauf le cas de récolte pendante, des parcelles de terrain dont elle aurait besoin pour la construction des routes, rues, fontaines, canaux ou autres travaux d'utilité publique, à effectuer sur le territoire des colonies.

Art. 21. Préalablement à l'installation de chaque colonie, l'administration réservera, dans l'intérieur des villages, les emplacements nécessaires pour les besoins actuels et futurs des divers services publics, et, à l'extérieur, un cinquième du territoire pour la commune, et un dixième pour l'État.

En outre, quelques lots seront réservés, dans chaque village, pour des concessions ultérieures non subventionnées.

Art. 22. Les colonies jouiront, en ce qui concerne les besoins du culte, de l'instruction et de la santé publiques, de la protection et de tous les avantages accordés aux autres centres de population établis en Algérie.